JN409219

달팽이

松波 高錫元 第 16 詩集

엠-애드

열여섯 번째 시집을 내면서

작년 4월에
열다섯 번째
시집을 내고 나서,

1년도 못되어
또 시집을 낸다는 것은
좀 어려움은 있지만

이번에도 용기를 내서
열여섯 번째 시집에
〈달팽이〉란 이름을 붙여서,

언제나처럼
부끄러운 시 60편의
새 시를 담아

나와 내 시를 사랑하는
독자님들께
두려운 마음으로 바칩니다.

2014 . 3 . 17
저자 松波 高錫元

Contents 차례

1부 크로바 꽃

2부 달팽이

3부 등산

4부 송키

5부 강천사를 찾아서

1부 크로바꽃

크로바 꽃

요새 며칠
봄비가 지짐거리더니
산막 재 언덕배기 크로바 꽃
더욱 싱그러워서 좋아라!

오르다가 꺾어서
맡아보고
내려오다 다시 뜯어
또 입술에 대보는 것은

풋풋한 크로바꽃 향기가
좋아서도 그러지만
그보다는 크로바 꽃 볼 때마다
초산(草山) 네 잎 크로바 고이 뜯어

내 윗저고리에 꽂아 주고는
얼굴을 붉히며
도망치던 하얀 칼라
소녀가 떠올라서 그런답니다!

그대의 문자

나는 여직껏
나만 혼자
그대를 좋아하는 줄만 알고
마음이 아팠습니다.

그런데 오늘 그대의 문자
힘이 들 때면 내가
문득문득 생각난다는 걸
보고서야 알았습니다.

그대의 가슴 속에는
내가 항상 들어있어
숨 쉬고 있다는
사랑의 고백과도 같은 말이니…

내게도 그런 사람 하나 있구나!
생각하니 참말이지
이다지도 흐뭇하고
행복할 수가 없습니다!

당신의 작업장을 찾았을 때

내가 처음 당신의 작업장을 찾았을 때
당신의 첫인상이 너무 좋아보여서
나는 만나서 반갑다는 말 대신
당신보고 참 이뻐게도 생겼다고 했지요.

당신은 처음 듣는 칭찬이라며
무척이나 좋아하시며
앞으로 종종 만나서 대화라도 했으면 좋겠다고
내게 그렇게 말씀하셨지요?

나도 그런 말은 처음 듣는 말이라서
내게는 얼마나 좋았던지
그 때 나는 하늘을 날 것만 같은
그런 기분이었답니다.

그 땐 매일이라도 찾아갈 것만 같았는데
막상 찾아가려고 하면 발길이 떨어지질 않아
항상 그만 주저앉고 마니 아무래도
나는 당신을 너무 좋아하고 있나봅니다.

대곡리 다슬기

대곡리 계곡
다슬기는
청정수에서만
살아서 그러는가?

어찌
그다지도
윤기가 나고
오동통 예쁘기만 한가!

바짝
올라붙은 엉덩이!
풍만한 허벅지에
쭉 내리뻗은 다리는

꼭
그 사람
다리통만 같아서
그 더욱 좋아라!

나도 모르게

하얀 앞니가
예뻐서 그러는가?
언제나 보면
사글사글 웃고만 사는 사람!

말하는 것까지도
너무 귀엽고 예뻐만 보여서
볼 때마다 나도 모르게
이뻐다는 칭찬이 나오는데,

그 때마다 그 사람
그 예쁜 입으로
나만 보면
언제나 방실방실 웃어만 주니,

당신을 보지 못하고
그냥 집에 돌아오는 날은
너무 허전해서
정말이지 살맛이 나질 않습니다.

쪽지 3

내 책갈피 속에
살며시 끼워주고 간
그 사람 쪽지 한 장!

그 사람은 날마다
이랬다저랬다
삐지기도 참 잘도 하는데,

쪽진
왜 제 주인도
닮지 않았는가?

아무리 세월이 흘러도
삐지지도 않고
언제나 한결같이

나만 보면
싱글벙글
예쁘게 웃어만 주고 있으니!

그 사람 생각만 해도

그간 너무 오래
시집을 주지 못해
새로운 시집을 낼 때마다
보기에 미안한 사람이 있어,

이번 새로 나온 시집에
싸인까지 해주면서
일부러 좀 넉살을 떨며
삐질까봐 준다고 했더니,

그 말을 옆에서 듣고 있던 사람이
나도 잘 삐진다며 내 팔을 얼싸안고
입술을 삐물고 삐진 모습을 하며
어리광을 부리고 있네!

삐진다는 말을 하다 보니
또 그 사람 생각이 나서
정말이지 이다지도
흐뭇하고 좋을 수가 없구나!

눈 오는 날이면

겨울이 오면 눈꽃이 좋아서
눈을 기다리며 산다는
눈같이 보얗고
고분고분 부드럽게 생긴 사람!

이웃 찜질방에 갔다가
찜질방 아줌마의 소개로
우연히 만나 잠간 대화만 하고
돌아온 일밖에 없는 사람인데도,

왜 그런지
눈이 오지 않는 날도
그 사람 생각이
자꾸만 자꾸만 나는데…

오늘은 저렇게
함박눈이 펑펑 내리니
아, 그 사람 생각이
너무나도 간절하구나!

그 말씀을 듣고

당신은 나를 보고
오늘 내 얼굴이
너무 상해있어서
속상하다고 말씀하셨지요.

그러면서 내게
이젠 제발
일 좀 그만하라고
그렇게 신신당부하셨지요.

그 말씀을 듣고
내가 좋았던 것은
당신이 내게 무척 관심을
가지고 계심을 알아섭니다.

관심을 가진다는 건
그 만큼 날 아낀다는 말이니
나는 당신이 계셔서
이다지도 행복할 수가 없습니다.

귓속말

그대는 날 만날 때마다
듣는 사람 하나 없어도
내 귀에다 대고
소곤소곤 다정히 말씀하시지요!

그런데 같은 말이라도
나는 왜 그렇게
그 귓속말이 정겹고
좋게만 들리는지 모르겠습니다.

그대같이 예쁜 사람이
다정이 내 귀에다 대고
속삭이듯 말을 하니
정말 이다지도 좋을 수가 없어요.

그대가 하는 말이라면
내게는 무슨 말이라도 좋으니
만날 때 마다 소곤소곤
귓속말로 그렇게만 말씀해주세요.

2부 달팽이

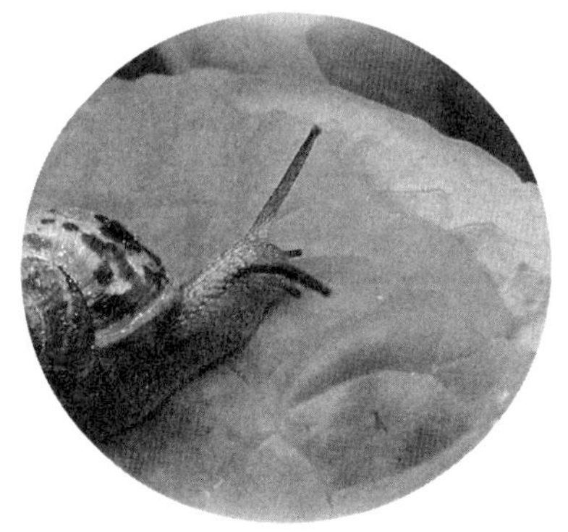

원두막

나 대학에 들어가서
여름방학 때 할아버지 집에 가면
으레 앞밭 원두막에 올라가
하모니카를 불곤 했었는데,

그때마다 하얀 칼라 여학생이
태극선 부채를 들고 나와서
안 떰으로 갔다가 나오면서
꼭 원두막 그늘 밑에서 쉬어가곤 했네.

그러면 나는 더욱 신나게 하모니카를 불고
여학생은 밑에서 그 소리를 들으면서
그렇게 며칠을 지나다가 내가 먼저
용기를 내서 할 말이 있다고 했더니,

여학생은 그걸 핑계 삼아 이틀 밤이나
집에 와서 말을 해 달라 졸라대고
나는 엄하신 할아버지한테 들킬까봐
가슴만 두근거리다가 손도 한번 못 잡아보고 헤어졌으니…

희순아!

희순아!
너는 무엇이
그리도 좋아서
볼 때마다

얼굴은
해반지르르해 가지고서
그 이쁜 꼬리를
홰~ 홰~ 저었쌌냐?

영산홍 피면
꽃가마 타고 오신다던 님!
이 봄이 다가도록
전화 한 통도 없는데…

이 푼수 빠진
희순아!
나는 정말
속상해 죽겠는데…

*희순이: 우리 집 강아지 이름.

원추리 꽃

와, 원추리 꽃!
집에서 보던 니가
이 곳 서울 땅
북한산에도 와 있구나!

이 넓으나 넓은 곳
어디를 가도
아는 사람 하나 없어
나 외롭기만 했는데…

오늘 여기 와서 너를 보니
여기도 내 집같이
낯설지 않고
정겹게만 느껴지니,

지금 내가 바로 우리 동네
용화산에 와있는 기분이어서
마음이 편하고 참 좋구나!
원추리 꽃아!

투정

한파가 몰아치던 날 아침
잠옷 바람으로 나가서
강아지 밥을 주고
막 돌아서려는 순간

농 어 가 실태조사원이 마침 와서
금방이면 된다고 하면서
몇 마디 물어보기에
친절히 대꾸를 해주고 들어왔는데…

아니나 다를까
아내가 어느새 보았는지
내 얼굴을 빤히 쳐다보다가
그게 누구냐며 따져 묻는다.

어쩌면 그렇게도 잘도 아는지
오늘은 아침부터
젊은 여자와 대화를 해서
기분이 참 좋겠단다.

달팽이

양배추 스무 포기를 심어놓고
아침 이슬 참에 나가보면
청 벌레 달팽이가 어찌나 험상궂게
만들어놨는지 차마 보아줄 수가 없는데,

오늘은 초복 날 아침을 먹고 나가서
후식으로 가지 하나를 따먹으면서 보니
양배추 이파리에서 달팽이 한 쌍이
서로 찰싹 늘어붙어 사랑을 하고 있네!

너희들 참 잘 만났다,
내 양배추를 작살낸 이놈들!
이걸 어쩔거나?
손바닥에 올려놓고 궁리를 하고 있는데…

요놈들은 요지부동
죽으면 죽으리라 서로 붙어서
눈도 깜짝 않고 있으니…
에라, 이 요놈들 내가 졌다졌어!

참외 세 개

참외 세 개를 따다가
우리 집 대문 안에
살짝 넣어주고
간 사람이 있었는데…

며칠 후에야 알고 나서
나는 너무나도 좋고
고마운 마음에
일부러 고맙단 말 대신

참외가 또 익거들랑
하나 더 따오라고
장난삼아
그렇게 말을 했더니,

말이 떨어지자마자
따다놓은 참외
두 개가 있다며
몽땅 다 가지고 왔네!

아, 진짜 이쁜 사람아!
그렇게 이쁜 짓만 하니
볼 때마다 더 이뻐만 지고
젊어만 지지!

장안산 달맞이꽃

장안산자락
대곡호(大谷湖)
제방 따라
노오란 달맞이꽃

방울방울
아침 이슬 머금어
더 싱싱하고
예쁘구나!

네 아름다운 그 꽃 술!
누구에게도
보여주지 않고
깊이깊이 고이 감추어 두었다가

일편단심 햇님도 말고
오직 달님에게만
열어 보여주니…
그래서 나는 네가 더 예뻐단다!

군고구마

선달 열이틀 함박눈이 흩날리던 날
불쑥 장로님 내외분이
방문하시면서 싸가지고 온
말랑말랑 군고구마 한 봉다리!

장로님 부부는 잠시 놀다가 가시고
그날 저녁 나는 군고구마가 좋아서
건강식 군고구마로
저녁을 때운 일이 있었는데…

오늘저녁 또 군고구마로
저녁을 때우려니
장로님 내외 얼굴이 떠올라 이다지도
내 맘이 편하고 좋을 수가 없구나!

마음이 편해야
건강이 좋아진다고 했으니
날마다는 아니더라도
일주일에 한 두 번은 고구마로 때워야겠네.

과일가게 아줌마

매실을 담다 모자라서 입은 채로
군산 원협 단골가게에 들렀더니,
매실은 벌써 들어가고 없다고 하네.
그냥 오려다가 허실삼아 다녀보았더니,

한 자루가 눈에 띠어 반가워 들어가 보니
꼭 처녀 같이 생긴 아줌마가
어찌나 상냥하고 사글사글 부드러운지
한 눈에 딱 반해버렸네.

아줌마는 거기다 한 술 더 떠
내게 관심을 보여주며,
날 보고 무얼 하는 분이냐고 물어서
농사를 짓는다고 했더니,

분명 예사 분은 아니라면서
왕 살구 세 개를 주어 맛있게 먹었더니.
날 보고 살구를 좋아한다며
아, 이번에는 살구 한 보따리를 그냥 싸주었네!

장어집에서 만난 아줌마

나 오랜만에
검정 체크 칼라 남방 와이셔츠에
멋지게 타이를 메고
풍천 장어 집을 들렀더니,

내 옆자리 아줌마가
내 얼굴을 계속 뚫어져라
빤히 쳐다보고 있어서
나를 매우 곤혹스럽게 만들었는데,

나도 마주 볼 수가 없어서
내가 먼저 고개를 숙였더니,
이번에는 희멀건 아줌마의 허벅지가
눈에 들어와 내 마음을 사로잡았네!

아줌마는 우리 상에
상추가 떨어졌다며 풋고추에
생강 마늘까지 챙겨다주며
꼭 친구처럼 다정히 말을 걸어왔으니,

내가 그동안 외로워서 힘들어 했는데,
옷 하나 신경 써서 입고 나가니
나를 보아주는 사람도 챙겨주는 사람도 있으니
아, 이 아니 좋을 손가!

고독 2

올겨울 내내 포근하던 날씨가
오늘 오후 들어 갑자기 싸늘해지면서
잠시 눈발이 흩날렸는데,

밤에 소등하려 거실에 나갔다가
무심코 밖을 내다봤더니
아, 눈꽃이 피어 장관을 이루고 있네!

졸지에 펼쳐진 밤 눈꽃이
어찌나 아름답고 황홀한지
누군가와 같이 보고만 싶어서

나는 환호성을 지르며
아내를 계속 불러보지만
아내는 방에서 꼼짝도 하지 않는구나!

3부 등산

삼인삼색 三人三色

오늘 하이마트 수송점에 들렀다가
한겨울에 다리를 다 드러내놓은
똠방치마 두 아가씨가
너무나도 아름답고 고와보여서,

그냥 못 본 체 지나치려다가
오늘도 좋은 일 한번 해보려고
어쩌면 그렇게도 둘 다 똑같이
예쁘냐고 칭찬을 해주었더니만,

좀 너부데데한 아가씨는 좋아서
고맙다며 계속 방실거리고 있는데…
콧날이 오똑한 아가씨는 똑같이
예쁘단 말에 심통이 났는지 표정이 없다.

그래서 내 맘도 좀 찝찝했는데,
아뿔싸! 아내까지 토라졌는지 말도 없으니…
나는 덕담을 한 마디 했을 뿐인데,
반응은 삼인삼색三人三色이니 참 힘드네!

빨강 털모자

올겨울은 어찌나 쌀쌀맞게 추운지
앞밭에 나가 일을 할라치면 너무 힘들어
아내가 챙겨주는 꼬마용 빨강 털모자를
싫다 않고 한 번 써 보았더니…

눈만 내놓고 목까지다 감싸주어서
남 보기에는 좀 우습게 보일지 몰라도
나는 따뜻하고 얼굴도 그을리지 않아 좋아서
여름이 되도록 그 모자만 쓰고 일을 했는데,

오늘 참깨를 심다말고 쉬는 참에
밭 옆에서 건축 일을 하는 사람에게 다가가서
지금 거기다 무얼 짓느냐고 물었더니,
그 사람은 들은 시늉도 않는다.

나는 아무렇지도 않게 그냥 스쳐 지나쳤는데.
아내가 곁에서 보고는 한 마디 거든다.
여름에 털모자 쓰고 일하는 이가
사람으로나 보이겠느냔다.

솔개

그 동안 몇 십 년을 두고
안보이던 솔개가 오늘아침
느닷없이 우리 집 닭장을 덮쳐
닭들을 혼비백산 놀라게 했는데…

내가 마침 닭장 옆에서
소나무 손질을 하고 있어서 망정이지
정말 큰일 날 뻔했습니다.

긴 장대를 휘두르며
훠~이 훠~이 소리쳐도
솔개는 달아나지 않고 계속
공중을 선회하다가말고 쏜살같이 침범을 하고…

닭들은 얼마나 쇼크를 먹었는지
솔개가 사라지고 난 후까지도
한참이나 숨어서 나오질 않고,
알둥우리는 하루 종일 텅텅 비어있었습니다.

닭들은 금방 잊어버리니 그래도 괜찮지만
사람은 한 번 받은 상처는
평생을 간직하며 살아야하니
남에게 무서움을 주는 솔개 같은
무서운 사람은 정말 되지 말아야지?

용화산 상수리나무야!

우리 집 뒷동산 용화산 상수리나무야!
네 몸은 승승장구 뻗어만 가고 있는데
상수리는 한 개도 달지 않고
왜 너 혼자만 멋쩍게 서 있느냐?

나 어릴 제 고향에 있던 상수리나무들은
다 상수리를 다닥다닥 달고 있어서
가을이 오고 단풍이 들면
산에서 제일 인기가 좋았었는데…

그 때 나도 우리 큰 누나하고
용이네 뒷산에 올라 상수리를 털다가
용이네 아버지한테 들켜서
어지간히 도망도 다녔는데,

용화산 상수리나무야!
너는 왜 이파리만 다닥다닥 무성하고
아들딸은 하나도 없이
혼자서 외롭게 살아가고 있느냐?

무자식 상팔자란 말을 들어서 그러느냐?
너희들은 종자만 퍼뜨리면 되지
먹여 살릴 일도 없고,
안준다고 행패부리는 놈도 없을 텐데…

보답(報答)

작년가을 얻어온 국화화분 다섯 개를
섬돌 아래 건땅에 묻어놓고
올 초가을 유기질비료를 듬뿍 주었더니,

꽃이 피기시작하면서 광채가 나는데,
주황색 꽃망울이 피어가면서
색깔이 차츰차츰 노란 빛으로 변해,

꽃과 봉오리가 한데 어우러져
날마다 자고나면 다른 색을 띠우니
보는 이마다 이집 꽃은 별나게도 예쁘단다.

작년가을 화분을 얻어올 땐
꽃은 헤싱헤싱하고 마른 이파리만
엉성하여 버려도 주어갈 사람도 없었는데,

우리 집에 가져다가 지극정성을 들였더니
종자가 좋다며 순들을 나누어달란다.
저 꽃도 먹으면 먹은 만큼 보답을 하는데…

물렁감

소한 추위 눈 속에 묻혀
벌벌 떨고 있는
토종닭 여덟 마리가
너무 측은하고 불쌍해서,

수북이 쌓인 눈을 치워주고는
청국장 콩 삶은 물이 있어
그 물에 쌀겨를
따뜻이 버무려서 주고,

늙은 호박도 점쳐서 넣어주고
없어서 나도 못 먹는
팔봉시 물렁감도
두 개나 덤으로 넣어주었습니다.

다음 날은 먹이를 주고 나서
눈 속의 푸성귀를 뜯어 던져주면서
염치도 없이 허실삼아
닭둥우리를 보았더니,

아, 이게 웬 일인가!
그 예쁜 알이 여섯 개나
소복이 쌓여있네!
눈 속에서 살아있는 것만으로도 고마운데…

물렁감을 주었더니 감동을 받아
너희들도 보답을 하는 거냐!
뺏어 먹고 고맙단 말도 않는 사람보다 낫구나.
이 예쁜 내 토종닭들아!

우리 집 장닭을 보면서

우리 집 장닭은 작년 가을까지만 해도
형형색색 칠공주를 거느리고
서슬 퍼를 긴 꼬리 우쭐대며
멋지고 호기스럽게도 살았는데,

올겨울 유래 없는 한파가 오면서 부턴
꼼짝도 못하고 알둥우리에서 지내고 있더니만,
앉은뱅이가 되면서부터는
물고 떨던 공주들도 팽개쳐버렸구나.

일 년 내내 암탉들을 챙기느라
체력을 다 소모해서 그러느냐?
불쌍한 장닭아! 네 몸 하나 거꾸러지니
칠공주가 있으면 무얼 하겠느냐?

내가 지금 너를 보고 있노라니
고교시절 귀에 딱지가 앉도록 하시던 말씀
우리아버지의 '신외무물(身外無物)*이라.'
하시던 그 말씀이 내 가슴을 또 찡하게 때리는구나!

*신외무물(身外無物): 몸밖엔 아무것도 없다.

무리싹 장아찌

우리 어머니 살아계실 때 봄만 되면
무리싹을 몇 포대씩이나 뜯어 오셔서
나는 용화산에 가면 무리싹이
지천으로 널려있는 줄만 알았습니다.

아흔 넷 되던 해 동짓날 어머니 가시고 나서
어머니 하시던 무리싹을 뜯으러
나도 어머니처럼 나락포대 하나를 들고
용화산을 다 누비고 다녔지만,

무리싹은 여기 저기
듬성듬성 하나씩 나있었으니,
한나절이나 돌아만 다니다가
빈손으로 그냥 돌아오고 말았습니다.

어머니는 그다지도 힘들게 뜯어오시고도
힘 든단 말 한 마디도 안 하셔서
나는 정말이지 용화산에만 가면
낫으로 그냥 비어오는 줄만 알았습니다.

그렇게 힘들게 꺾어다가 몇 포대를 데쳐서 말리면
몇 주먹이나 나오는 장아찌를
생색 한 번 안내시고 나눠 주셨으니
우리 어머니야말로 참 대단하신 분이었습니다.

이웃 집 강아지

소나무 전지를 해주려고
너무나도 오랜만에 앞밭에 나갔더니,
앞집 강아지가 나를 보고
어찌나 당차게 짖어대는지

짖지 말라고 짜증을 부리면 부릴수록
더 짖어만 대니 내가 어쩔 도리가 없다.
생각해보면 재가 짖어대는 것도
우리 집 소나무를 지키기 위한 것이니

짖을수록 나로서는 그 이상
더 고마울 수가 없는데,
나는 짜증부터 냈으니
개 입장에서 보면 어이없는 일이다.

그래서 마음을 바꾸어 좋은 말로
얘야, 미안하구나.
내가 네 말을 알아들을 수가 없어서 그러지
너는 나보다 훨씬 더 영리하구나!

암, 그렇지? 그렇고말고. 참 고맙다. 고마워.
아무 보상도 없이 내 소나무를 지켜주어서…!
그랬더니 슬그머니 짖기를 그친다.
그 후로는 나만 보면 꼬리를 훼훼치고 있으니…

까치 6

수수 모 한 다발을 얻어다가
콩밭머리에 정성들여 심어놓고
남 보기에도 탐스럽게 잘 가꾸어놓았더니…

다 익기도 전에 까치 떼가 몰려와서
수숫대마다 자빠뜨려놓고 타고 올라앉아
씨도 안 남기고 다 쪼아 먹어버렸네.

하도 기가 막히고 화가 나서
의리도 없는 도둑놈들이라고
좀 심한 말을 해주었더니만,

아, 이놈들이 나보고 그러네?
사람들은 나락도 차떼기로 해 가는데,
쩨쩨하게 수수 몇 목쟁이 가지고 그런다고?

변화 2

전에는 나 혼자서 아무리
고부라지게 힘든 일을 해도
아무 관심도 보여주지 않던 아내가

오랫동안 손끝을 놓고 있던 내가
오늘 느닷없이 소나무 손질을 하노라니
아내가 다가와서 관심을 보여줘서,

왜 않던 짓을 하느냐고 물었더니
나의 일하는 모습을 보고 있노라니
너무 너무 행복해서 그런단다.

언제는 일하는 내 모습만 봐도
울화통이 터진다고
바가지를 긁어서 되게 힘들게도 하더니만?

실잠자리

나는 새벽부터 혼자 나와서
소나무 분재 위에 난 풀을 우선
대충대충 쥐어뜯어주다가 보니,

자동펌프가 타버려서
우선 시들어가는 분에다
물부터 퍼다 주느라
땀을 뻘뻘 흘리고 다니는데…

저 쬐꼬만 실잠자리 암수 한 쌍!
떨어질세라 서로 엉클어져
사랑을 하면서 유유히 유람을 다니고 있구나!

아! 너희들은 보살필 살림도 없고,
안준다고 부집*는 놈도 없으니,
유유자적(悠悠自適)* 한 세상 멋지게만 사는구나!
너희들이 정말 부럽다. 부러워…

*부집: 화를 돋우어 말다툼을 함.
*유유자적(悠悠自適): 속세를 떠나 아무것에도 매이지 않고 다우롭게 마음 편히 삶.

등산

내장산 서래봉을 거쳐서
불출봉을 오르려다

길을 잘 못 들어
그만 원적암에 오고 말았네.

오던 길로 다시 가서
불출봉을 가려고도 했지만,

이젠 날이 이미 저물어
서래봉도 불출봉도 오를 수 없으니,

나 그냥 여기 원적암에서
놀다 갈 수밖에...

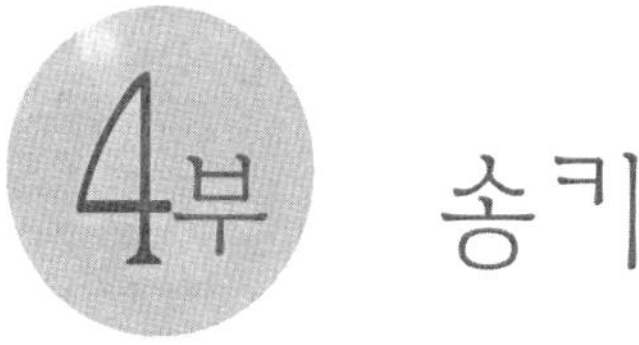

4부 송키

낮달 4

나 오늘 들길을 걷다가
꼭 당신 얼굴을 닮은
동그랗고 뽀오얀
낮달을 보았어요!

너무나도 반가운 마음에
나는 달을 보고
'야~ 난 너를 사랑한다. 알었지?'
하고 또 하고 큰 소리로 외쳐 봐도,

달은 들은 시늉도 않고
구름 속으로 숨어버려서
내 마음 잠시
몹시나 섭하고 아팠는데,

아니나 다를까!
달은 금방 얼굴을 내밀고는
꼭 당신처럼 그렇게
날 보고 웃고 있었어요!

해수찜

군산남성교회 소망목장에서
고창 구시포 해수욕장 찜질방에
해수 찜을 하러 간 일이 있었는데…

수건에 뜨거운 해수를 적셔서
아픈 데에다 대라고 해서
나는 어디다 댈까 생각을 하다가,

먼저 건강을 위해 발바닥에다 대고 나서,
두 번째는 얼굴에다 갖다 댔습니다.
얼굴 혈액순환이 잘되면 예뻐질 것만 같아서…

그러고 보면 늙으나 젊으나
우리네 인생 한결같은 바램은
아름다운 모습으로 오래오래 사는 거겠지요!

"나는 감사밖에 없습니다."

우리 어머니 93세 동짓날까지
나와함께 65년을 사시는 동안
참말이지 나는 어머니에게서
불평하는 소릴 단 한 번도 들어본 적이 없습니다.

지금 생각해보면
새벽 네 시에 일어나
기차 통학을 하는 아들들
시간 맞추어 학교 보내고,

활량(?) 남편에다
근엄하신 시부모님 밑에서
농삿일 말고도 바느질품팔이,
열두 아이를 키우셨으니…

그 시절에도 우리 어머니만큼
힘들게 사신 분은 세상천지 어디에도 없었는데,
생전에 두고 쓰시던 말씀이 있었으니…
"나는 감사밖에 없습니다."

어머니 생각

지금 생각하면 내가 가장
사랑했던 사람은 우리 어머니였는데,
사랑한단 말 한 마디를 못해보고
그냥 보내드렸으니 너무 한이 됩니다.

우리 어머니 9순 잔치 때 모습은
허리도 굽지 않고 얼굴에 주름도 없어
지금 100세 시대 같았으면
아직 젊은이로 살았을 텐데,
그때는 어머니가 극 노인인줄만 알았습니다.

그래서 나는 어머니에게 가끔
우리 어머니 돌아가시면
나 심심해서 어떻게 살까?'
그 서운한 말 한 마디를 하곤 했었는데…

어머니는 오히려 그 말 한 마디가
듣기에 그다지도 좋으셨던지
살아생전 큰아들 자랑을 하고 다니셨습니다.
사랑한단 말도 아닌데
그 말이 그다지도 좋으셨습니까. 어머니?

어머니 가신지 14년이 지났지만
어머니생각 않은 날은 하루도 없었던 것은
이 세상 어디에도 어머니같이
허물없이 좋은 분은 하나도 없기 때문입니다.

송키

어머니 날 가지시고 송키*가 너무 당겨서
밤이면 밤마다 하루도 거르지 않고
옆집 나무꾼 할머니 집에 가셔서
송키를 배불리 벗겨 드셨으니,

나는 어머니 뱃속에서 봄여름 두 철을
송키를 먹고 살아서 그런 진 몰라도
소나무 향이 너무 좋아
어려서도 송키를 즐겨 먹고 살았습니다.

초등학교 다닐 땐 학교에서 돌아올 때면
문열령 서낭당고개에 와서
물오른 긴 송순을 비벼서 솔잎 채 뽑아
'찡 찡 찡 서방 무얼 먹고 사는가.' 민요를 변형시켜서,

'털 털 털 서방 무얼 먹고 사는가
앞밭에서 콩 한 되 뒷밭에서 팥 한 되
그럭저럭 먹고 사네.' 그렇게 흥얼거리며
배가 부르도록 송키를 벗겨먹었습니다.

소나무 씨를 손수 받아 싹을 내서
한 세대를 넘게 기르면서
소나무와 더불어 살았으니…
소나무와 나는 천생연분인가 봅니다.

*송키: 소나무 속껍질

반주

용화산 고목 미루나무가
보이지 않을 때까지
소나무정원수 손질을 하다가
들어와서 저녁상을 받았다.

오늘은 별난 날이니
옻닭에 오가피 담근 주 한 잔 곁들이고
자 젓에 봄 똥을 싸먹는 저녁 밥상!
아, 이 맛을 누가 알랴!

남들은 장로님이 술을 마신다고
웃긴다고 할 테지만,
하나님은 꽉 막히신 분 아니시니
고 장로가 이뻐서 머리를 쓰다듬어 주실 꺼야!

내가 늙막에 이런 맛도 없이
날마다 일만 하면서 산다면
우리 하나님도
얼마나 마음이 아프시겠어?

장로님!

아내와 한증막에 가서
허브 저 온실에 들어가
한참 땀을 빼고 있는데…

50대 초반쯤 보이는 여인
셋이서 들어와 한참 지절대다가
나한테 말을 걸어오니,

남남처럼 누워있던 아내가
느닷없이 나를 향해
장로님이라고 부른다.

장로님이란 말에 여인들은
어영부영 하나하나 다 빠져나가고
우리 둘만 남아서 물어보니,

그 여인들이 아저씨 눈썹이
매력 있다고 해서 그랬단다.
오늘은 눈웃음이 아니고 눈썹이 죄로구나!

터득(攄得)

어제 밤 기상통보 시간에
8월 들어 18일 동안에
4일만 빼고 계속 비가 왔다는데,
오늘은 어쩔라고 아침부터 해가 떴네!

해가 하도 원망스럽고 얄밉상스러워서(?)
나가보지도 않으려다가
하도 후덥지근 날씨가 사람을
짜증나게 하니 안 나갈 수도 없어

오늘은 밭 대신 섬돌 위에 앉아서
하늘을 보며 심호흡을 한 참 하고나서
이일 저 일을 상각하다가 정원을 보니,
아, 이게 웬 일인가?

그동안 보이지 않던 경관이 코앞에 펼쳐졌네!
정원 석 한 쌍이 마이산마냥 마주보며 서있고,
그 아랜 올봄에 얻어다 심은 송엽국 한 송이
앙증맞게 예쁘게도 피었구나!

소나무 600여주를 30여년 키우면서
그동안 내 눈에는 소나무는 안보이고 풀만 보였으니,
나는 누구를 위해 내 반평생을 살았단 말인가!
나의 미련함을 터득하게 해주신 하나님 감사합니다.

달란트

-2011년 6월 29일-

글 쓰는 일 말고도 소나무 관리에다
울 안팎 정원 관리만도
내게는 네 지게도 더 넘는데…

텃밭까지 관리하자니 감당이 안 돼
이젠 일을 좀 줄여서 채전 밭은
내년부턴 30평만 남겨놓고,

나머지 땅은 과일나무나 심고
꽃나무도 심고 나서
부직포로 덮어버리려고 생각하고,

우선 소나무밭부터 부직포를 덮어보았더니
부직포 덮는 일이 밭 메는 일보다
더 힘들고 어려워라.

나 이제부턴 부직포도 과일나무도 말고
하나님이 내게 주신 달란트
글쓰기나 슬 슬 하면서 살아야겠네.

봄은 왔는데

작년 봄엔 때 아닌 늦추위가 와서
매실 농사를 망쳐놓더니,
올봄엔 골 다른 곳 없이 매실 꽃이
유난히도 흐드러지게 참 잘도 피었구나!

매실 꽃 저렇게 흐드러지고
노란 산수유 함께 피어 어우러지니
이름 모를 쬐꼬만 새 새끼들까지도
다 좋아라 울고불고 야단들인데,

내게는 곡우절이 다 가도록
아침저녁으로 날마다 꽃샘바람만
병든 내 품을 파고들어 나를 괴롭히고 있으니…
아, 내게 봄은 언제나 오시려나?

하도 근래에 들어 날씨가 변덕을 떠니
올봄에도 작년 봄처럼
또 늦서리를 몽땅 퍼부어
매실 농사를 망쳐놓지나 않을까 또 걱정이 되는구나.

감사 4

내가 한 때 병상에 누워있을 때
이제 저 사람은 버린 사람이라며
사람들은 쑤근거렸습니다.

나에 대한 소문은
들불처럼 번져나갔고
사람들은 다 나를 측은하게 보았으니,

나는 광야에 홀로 남은
외기러기 같았고
비 맞은 겨울참새 같았습니다.

울면서 내가 여호와를 불렀더니,
내가 넘어지기는 했어도
아주 엎어지지는 않게 했다면서,

주의 강한 오른 팔로
나를 다시 잡아 일으켜주셨으니
여호와여, 정말 감사합니다.

일편단심

콩나물을 사야한다고 해서
신영동 구 시장 입구에
아내를 내려놓고 잠시 기다리는데…

금방 돌아와야 할 아내는
아무리 기다려도
돌아오지 않고,

차들은 뒤에서 빵빵거려
할 수없이 주차장에 차를 맡기고
시장에 들어가서 보니,

아내는 이번에도 또
단골 권사님 가게에 가서
사오느라 늦었단다.

강천사를 찾아서

춘설화春雪花

엊그제 춘분지나 이젠
완연한 봄인 줄만 알았는데,
오늘 아침 일어나보니 때 아닌
눈꽃이 피어 세상을 확 바꾸어 놓았네!

소나무에 핀 눈꽃은 어느새 녹아
솔잎마다 송골송골
영롱한 은빛 물방울을 머금어
봄의 생기를 물씬 더하고,

검은 매화나무 잔가지에 핀
물먹은 하얀 눈꽃은
흑백의 조화를 이루어서 그러는가
혼자서 보기엔 정말 아까운데…

봄에 핀 눈꽃이여!
누가 미인박명(美人薄命)이라 하였더냐?
벌써 네 꽃망울마다 마다엔
글썽글썽 눈물을 듬뿍 머금었구나!

가창오리 떼를 기다리며

몇 년 전에 하도 심심하고 고적해서
옥석리 들판 길을 걷다가
수십만 가창오리 떼 공중 쇼를 보고
나는 그 모습에 너무 반해서,

나도 모르게 하늘을 향해 소리를 지르다가
갈수록 이어지는 쇼가 너무나도 아름답고 황홀해서
이 감격을 어디다 비유할 데가 없어
대한독립만세를 불렀는데…

오늘도 하늘은 저렇게 휑하니 비어 있는데…
가창오리 떼는 한번 가더니
아무리 기다려도 다시 오지 않으니
너희를 기다리다 내가 다 늙겠구나!

가창오리 때들아 금강 하구에는
때를 지어 잘도 오가면서
쇼도 잘도 하더니만
바로 이웃 우리 마을에 오기는 그리도 힘 드느냐?

이 곳 옥석리 들도 금강만큼은 못해도
흘린 곡식도 얼마나 많은지 모른단다.
너희들 자주 온다고 불평하는 사람 하나도 없으니
여기도 와서 가끔 놀다 가려무나! 가창오리 떼들아!

전원생활 4

내 할 일이 너무 많이 밀려서
3주 동안이나 눈을 딱 감고 살다가
오늘 아침 날씨도 좋고 해서
오랜만에 앞밭에 나가봤더니…

대문 앞 행 길 따라 뻗어나간 호박넝쿨
막내 아들네가 심어만 놓고 간
가지나무를 깔고 앉아
옆에 줄지어선 토마토까지
마구 짓누르고 있는데도…

아들며느리는 코빼기도 안보이고
밭은 아주 내박쳐놓아 임자 없이
사람하나 구경할 수가 없는데,
배나무가지에서 참새 한 마리만
힘없이 짹짹거리고 있구나!

그 안중에도 남보라 빛 도라지는
풀 속에서 얼굴만 빼꼼이 내밀고
나만 바라보고 있네!
어이구나야! 저 이쁜놈들까지도
나만 저렇게 바라보고 있으니 원…

웃고 좀 살으란다.

어젯밤 내리던 장마 비가
오늘아침 잠시 그쳐
반가운 마음에
대문 앞 텃밭을 나가보니,

참깨는 얼마나 비바람이
내 동댕이를쳤는지
아직 꽃도 맺지 않은 녀석들이
벌써 허리부터 굽어있고,

이제 막 샛노란 머리를 내민
한 평 남짓 생강들은
바라구 사이로
목만 길게 늘이고 있는데…

다만 마디 오이들만
제 세상 만난 듯 마디마다 주렁주렁
쬐꼬만 어미 등에 업히어서
날 보고 인제 제발 좀 웃고 살으란다.

고추농사

전에는 태양 볕에 손수말린
무공해 고추를 먹는 게 좋아서
해마다 고추나무 100주를 심어
말린 고추 스무 근씩은 따서 먹었는데…

근래에 들어 8월 날씨가
어찌나 변덕을 떠는지
이제는 건조기 없는 고추농사는
엄두도 낼 수 없어서

양념 풋고추나 먹으려고
청량고추 다섯 주 만 심었으니…
고추 때문에 고통 받을 일은 없어졌지만,
그 대신 향그러운 옛날
무공해 고추 맛은 물 건너갔으니…

수입 중국산 농산물이 판치는 세상에서
농촌에서조차 내가 손수
농사를 지어야만 옛 맛을 볼 수 있으니,
이젠 먹고 사는 일도 보통이 아니로구나.

농사는 천직

장사래 두 두렁에서
올해 수확한 우리 집
마늘 양파를 몽땅 다 합해도
종자 값도 안 되는 4만 원쯤 된다니…

작년 가을부터 김매는 일만 해도
몇날 며칠이었던가!
수확 때마다 손해 보는 농사는
다신 짓지 않겠다고 다짐하지만,

정작 파종 때가 되면
내가 언제 그랬느냐 듯이
또 마음이 달라져 있으니,

농사는 천직인가?
오늘도 나는 내년에 심을
경종배추씨를 바수고 있으니 말이다.

기상이변

올여름(2011년)장마는
유례없이 두 달 반이나
거의 매일 비가 오고 너무 더워서
밭작물은 물 창기가 든 데다
일조량이 부족하여 누렇게 시들고,

구월 중순에야 장마는 그쳤지만
가을 내내 거의 비가 오지 않고
건조해서 이젠 밭작물이
다 고사해 버렸으니…

배추 값은 30배나 뛰고
다른 채소 값도 천정부지
부르는 게 금이었으며
논농사도 대 흉작이더니만,

겨울날씨마저 내 평생 처음 보는 추위로
서해바다가 꽁꽁 얼고
동네 석류나무들이
모조리 다 얼어 죽었으니,

지구온난화…
어지간히도 떠들어 대더니만,
이게 지구온난화 때문인가?
앞으로의 지구촌이 어떻게 될지 걱정이 되는구나.

콩 잎

중복 날 아침(2013.7.23) 대문밖에 나가보았더니,
텃밭 모서리마다 심어놓은 서리태가
어찌나 탐스럽고 아름다운지
보는 것만으로도 이다지도 좋을 수가 없구나!

저 연녹색 콩잎을 지금 따서 말려두었다가
겨울 푸성귀가 귀할 때에 내서
된장국을 끓여먹으면
비타민도 많을 테니 그 얼마나 건강에 좋을까?

생각하다가 뒤도 돌아보지 않고
당장에 밭에 들어가
콩잎을 순 채 뚝뚝 세 바구니를 따다가
푸짐하게 그늘에 널고 나서 생각해 보니
이제라도 콩잎 따먹는 것을 알았으니 더 좋구나!

지금 저 서리태 콩 순을 따주면
콩의 웃자람도 막아주고,
바람도 잘 통하게 해주고 그러면
콩도 많이 열릴 테니
누이 좋고 매부 좋고 그 얼마나 좋은가?

후회

내가 소나무 씨를 채취해서
파종을 할 때 동생들은
손자 대나 가서 보게 하려고
그러느냐며 못하게 극구 말렸지만,

나는 끝내 고집을 부려
분재 500여주에다가
정원수 100여주를 심어놓고
그 바쁜 틈에도 32년을 길러놓았는데,

이제야 세상에 소나무 열풍이 불었는가?
동네마다 소나무를 심어 기르는
사람들이 늘어만 가고 있는데…

나는 한 세대 먼저 시작해서
집 주변을 아름답게 바꿔 놓았으니,
사람들은 나를 보고 선견지명이 있다며
부러워하는 사람들도 있지만,

그런데 내가 갑자기 이사할 일이 생겨
소나무를 팔려고 해도 팔지는 못하니
이것 참 걱정이 이만저만이 아니구나.

나는 한 치 앞도 모르는 세상에 살면서
자자손손 대대까지 생각하며 살았으니…
내가 동생들 말을 들었어야 했는데…

강천사를 찾아서

2000년 여름
군산 정년퇴임 선생님들과 함께
다녀갔던 강천사를 13년이 지나
다시 찾아갔더니 감회가 새롭구나!

그때는 찾는 사람도 없고 너무 쓸쓸해서
산 입구에서 술만 마시다가 돌아왔는데,
지금의 강천산은 옛 모습은 찾아볼 수 없어
전혀 낯설기만 한데,

등산객들에 휩싸여서 십리쯤 속보로
강행군을 하다 보니 벌써
최종 목적지 구장군 폭포에 도착했으니,
폭포는 정말 한마디로 장관이로구나!

하나도 아니고 둘씩 둘씩 쌍쌍인데
첫 번째 둘은 구불구불 구비져 흐르고
다른 둘은 또 저희끼리 낭떠러지로 떨어지면서
하얀 물보라를 치며 장관을 이루고 있다.

아, 강천산아 너 참 멋지구나!
명소 구장군 폭포는 그만 두고라도
등산 길 하나만 봐도 너 같은 곳이
너를 말고 또 어디에 있겠느냐?

9순 할머니가 오르는 걸 봐서도
어디 하나 오르막길도 없이
평지처럼 올라갔다 내려오니
아, 이 몸도 내년 가을이 오면
강천산을 다시 찾고 싶구나!

큰누님

대야초등학교 26회 동창 중에
큰누님으로 통하는 사람이 있습니다.

나이가 더 많아서가 아니고
옛날 큰 누님처럼 누구에게나 친절히 대해주며
자진해서 동창 모임을 주선하는 데다
모임에 나올 때는 절편도 빼다가 나누어 주고
항상 정으로 다독거려주기 때문입니다.

어려서 이후로 손끝 한번 놓고
놀아본 적 없다는 큰 누님(박노원)은
혼자 집안일에다 가게까지 보면서도,

짬짬이 시간을 내서 차를 타고
30리나 되는 곳 서수까지 가서
밭농사도 지어다 먹고
남는 것은 이웃과 나눠먹고 산다니…
편한 영감 남편한테는 살림을 잘해서
박 반장으로 통한답니다.

말복

2013년 8월 우리 부부 집을 나와
서울 아들네 집 삼각산 아파트에서
기약도 없이 엿새째를 보내고 있는데,

나는 혼자 북한산 등산을 하고
아내는 방에서 누웠다가 앉았다가
그러면서 하루하루를 보내고 있는데…

내 집은 대 섶 안 찬 기운으로 가득 차
지금쯤 어젯밤처럼 무더운 열대야에도
이불을 덮고 잣을 텐데…

나는 서울 삼광교회가 내려다보이는
SK조경 고개 중턱 수목사이에서
집에서 보던 주목나무와 벗 삼아 같이 있노라니,

어디선가 이름 모를 작은 새 한 마리 날아와
나를 본동 만동 저만 혼자
지지배배 지지배배 울다가 금방 가버리는구나.

둘째 아들네 집에 왔다가

서울 사는 둘째 아들네 손자 형주는
얌전하고 끊기는 있어
태권도를 4단이나 땄어도
공부는 별론 줄만 알았습니다.

공부는 못해도 그래도
태권도를 4단이나 땄으면 그게 어딘데
그만한 끊기가 있으면 괜찮겠구나!
그렇게만 생각을 했는데…

형주가 올해(2013년)골든 벨에 나왔을 때
TV에서 클로즈업 시킨 것을
제 누이가 날쌔게 찍은 사진이라며
며느리가 보여줘서 그제 서야 알았습니다.
전교에서 2등이란 것을…

이런 괘씸한 것들.
자식이 공부를 잘하면
남한테 자랑은 안할지라도
할아버지한테는 진즉 알려줬어야지!

다음 번 시험을 한 번 더 봐서
전교 1등을 하면 그 때가서 알려드릴려고 했다지만…
그래도 그렇지
늙으면 손자자랑이 어딘데
정말 그게 어딘데…

내가 당한 한국전쟁 6

낙동강까지 후퇴했던 유엔군이
내 고향 군산을 수복하던 날 나는
너무 좋아서 역멀서 대야면소재지까지
십리 길을 걷다 뛰다 하면서 단숨에 달려갔습니다.

문열령 서낭당고개를 막 올라서니
투구 쓴 군인이 허리를 바짝 꼬부리고
살금살금 올라오면서 날 보고
" 빨갱이 새끼들 못 봤나?" 하고
격양된 말소리로 물어보는데,

그 말소리가 어찌나 살벌하고 무서웠던지
떨면서 나는 " 못 봤습니다." 하고나서
옆을 보니 군인들이 일렬횡대를 지어
낮은 자세로 산을 올라오고 있었다.

저 군인이 내 뒤에다 대고 총질을 할 것만 같아
열다섯 나는 서낭당고개를 다 내려올 때까지
조마조마 뒤도 돌아보지 못했으니…
그때는 사람 목숨이 파리 목숨이었기 때문이었습니다.

달팽이

(고석원 제 16시집)

지은이 / 고 석 원

2014. 4. 10. 초판 인쇄
2014. 4. 15 초판 발행

펴낸곳 / 도서출판 엠-애드
펴낸이 / 이 승 한
서울시 중구 마른내로8길 30
전화 / 02)2278-8063/4
팩스 / 02)2275-8064
E-mail / madd1@hanmail.net
등록번호 / 제2-2554

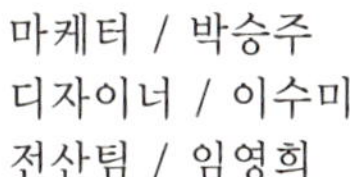

마케터 / 박승주
디자이너 / 이수미
전산팀 / 임영희

정가: 8,000원

ISBN 978-89-6575-0567